A mi querida amiga.

Sara, con mucho aprecio, esperando te sea útil y ayudoso, este libro que he comprado para ti.

Bien sé que el Todopoderoso te hablará a través de este minúsculo presente y también guiará tus pasos, haciendo de ti una buenísima madre.

Dios te bendiga a ti y al nuevo heredero.

Con mucho cariño.

Camila

21. II/83

Meditaciones para la nueva madre

"En su brazo llevará los corderos, y en su
seno los llevará; pastoreará suavemente a las
recién paridas."

ISAIAS 40:11

MEDITACIONES
PARA LA NUEVA MADRE

Libro devocional para
la nueva madre durante el primer
mes posterior al nacimiento
de su hijo

por Helen Good Brenneman

Ilustrado por Esther Rose Graber

Traducción de María Teresa La Valle

Poesías traducidas por Adolfo Robleto

CASA BAUTISTA DE PUBLICACIONES
Agencias de Distribución

ARGENTINA
Rivadavia 3464, 1203 Buenos Aires
BRASIL
Rua.Silva Vale 781, Río de Janeiro
BOLIVIA
Cajón 514, Cochabamba
COLOMBIA
Apartado Aéreo 55294, Bogotá 1
COSTA RICA
Apartado 285, San Pedro
CHILE
Casilla 1253, Santiago
ECUADOR
Casilla 3236, Guayaquil
EL SALVADOR
10 Calle Pte. 124 San Salvador
ESPAÑA
Arimón 22, Barcelona 22
ESTADOS UNIDOS
Apartado 4255, El Paso, Texas 79914
GUATEMALA
12 Calle 9-54, Zona 1 Guatemala
HONDURAS
4 Calle 9 Avenida, Tegucigalpa
MEXICO
Vizcaínas 16 Ote., México 1, D. F.
Apartado 29-223, México 1, D. F.
Hidalgo 713, Guadalajara, Jalisco
Matamoros 344 Pte., Torreón, Coahuila
NICARAGUA
Apartado 5776, Managua
PANAMA
Apartado 5363, Panamá 5,
PARAGUAY
Pettirossi 595, Asunción
PERU
Apartado 3177, Lima
REPUBLICA DOMINICANA
Apartado 880, Santo Domingo
URUGUAY
Casilla 14052, Montevideo
VENEZUELA
Apartado 152, Valencia

Primera edición castellana: 1977
Segunda edición castellana: 1981
Clasifíquese: Oración y Meditación

ISBN: 0-311-40032-9
C.B.P. Art. No. 40032

5 M 7 81

CONTENIDO

A mi querida madre,
quien me reveló por primera vez
la hermosura de la maternidad

PREFACIO

Desde hoy usted es una *madre*. A su lado yace una pequeña alma envuelta en los pañales de la inocencia, la pureza, el amor y la confianza. Usted no sabe, en realidad, de dónde vino, jamás comprenderá qué hizo para merecerlo; sólo el futuro revelará lo que le depara la vida. En él hay una vida que trascenderá al tiempo y ya forma parte de la eternidad, pues Jesús dijo: "De los tales es el reino de los cielos."

Desde todo punto de vista, usted ha pasado por una experiencia muy profunda y ha habido alegría en cada uno de sus momentos. Hubo una alegría personal, un gozo incomparable al escuchar el primer vagido de la criatura. Hubo una alegría familiar, pues la llegada de un nuevo miembro une a los padres de manera mucho más íntima. Hubo una alegría espiritual pues usted colaboró con Dios, su Hacedor, en la creación maravillosa de una vida nueva.

No obstante, los grandes momentos de la vida nunca se ven libres de problemas y, sin duda alguna, la maternidad presenta una buena medida de ellos. Quizás usted consideraba que estaba completamente preparada y lista para recibir al nuevo ser, pero ahora encuentra mil detalles que requieren su atención constante. El ser *humano* es el más desamparado de todas las criaturas de Dios. ¡Y usted ya habrá descubierto que no encontrará todas las respuestas en el manual de puericultura!

Los médicos le dirán que mientras recupera las fuerzas se producen cambios físicos y glandulares en su cuerpo que pueden influir sobre su vida emocional. Puesto que nuestra vida espiritual está íntimamente relacionada con nuestro bienestar físico y emocional, sin duda usted sentirá la necesidad de la presencia amorosa de Dios de manera muy especial durante este período de su vida.

Este pequeño libro de *Meditaciones para la nueva madre* es el resultado de mi propia experiencia de la maternidad, con sus correspondientes alegrías y problemas. Se trata de una reunión de pasajes de las Escrituras, poesías y pensamientos devocionales que resultan especialmente significativos después del nacimiento de un bebé. Mi oración es que los pasajes de la Palabra de Dios, llenos de sentido, no la inspiren únicamente durante ese primer mes fundamental en la vida de su hijo, sino que sigan guiándola durante toda su vida al cumplir su tarea maternal.

Quizá debería pedir perdón a las madres de niñas. A fin de uniformar las referencias, uso el género masculino al hablar de la nueva criatura. Espero que no les cueste demasiado reemplazar los pronombres por sus equivalentes femeninos.

Deseo expresar mi agradecimiento de manera especial a Mary Royer, Ph.D., de Goshen College, Goshen, Indiana, EE. UU. A., y a mi esposo, Virgil Brenneman, así como a muchos otros amigos por su amable colaboración y aliento durante la preparación de este libro.

HELEN GOOD BRENNEMAN

I. "Por este niño oraba . . ."

ACCION DE GRACIAS POR EL NIÑO

"Por este niño oraba, y Jehová me dio lo que le pedí. Yo, pues, lo dedico también a Jehová; todos los días que viva, será de Jehová..."

1 SAMUEL 1:27, 28

DIA UNO

El Fruto de Tu Vientre

"He aquí, herencia de Jehová son los hijos;
Cosa de estima el fruto del vientre.
Como saetas en mano del valiente,
Así son los hijos habidos en la juventud.
Bienaventurado el hombre que llenó su
aljaba de ellos."

SALMOS 127:3-5a

En el amanecer del mundo, en la aurora del tiempo, Dios miró la tierra hermosa que había hecho y culminó su creación con un hombre y una mujer que fundaron el primer hogar. La vida en común debe haber sido romántica y muy feliz para el primer matrimonio, pues se amaban y su hogar-jardín tenía una decoración exquisita.

Sin embargo, Dios, en su sabiduría, sabía que dos personas jóvenes, por más enamoradas que estuvieran, necesitaban algo que los elevara más allá de ellos mismos y convirtiera su afecto en algo más profundo y duradero. De hecho, la satisfacción que le había producido la creación de esta pareja había sido tan inmensa que el Padre, en su deseo de compartir con ellos el gozo de la creación, les ordenó fructificar, multiplicarse y llenar la tierra.

Así comenzó la vida de familia en la tierra. Y a lo largo de los siglos la concepción y la crianza de los hijos ha seguido siendo una experiencia llena de alegría y belleza. Muchos siglos después, David, rey y padre a la vez, escribió sobre la felicidad que proporcionan los hijos, la herencia del Señor. El mismo Jesús tomó en sus brazos a los bebés que lo rodeaban para bendecirlos. Y *usted* hará lo mismo hoy, madre nueva, al unir sus manos con las de las madres de todos los tiempos para alabar al Señor por el fruto de su vientre, su recompensa y herencia del Señor, ¡su nuevo bebé!

Oh, Dios, mi Padre celestial, te agradezco con todo el corazón la hermosa experiencia de la maternidad y la criatura que tengo a mi lado. Así como has ayudado a las madres de todos los tiempos, guíame en mi nueva tarea, bendice a mi preciosa criatura y a su padre en su amor y cuidado por su esposa y su nuevo hijo. En el nombre de Jesús. Amén.

UNA MADRE

Quiso Dios dar la más dulce cosa
A la tierra, en su gran poder;
Y en una hora, su prodigiosa
Mente, meditando y con placer,
Abrió las puertas del alto cielo,
Y de sus predios de luz gloriosa,
Nos dio un regalo, su santo anhelo:
La madre buena y cariñosa.

AUTOR DESCONOCIDO

Una criatura en el hogar es una fuente de placer.

M. F. TOPPER

Cántico de Ana

"Y Ana oró y dijo:
Mi corazón se regocija en Jehová,
Mi poder se exalta en Jehová; ...
No hay santo como Jehová;
Porque no hay ninguno fuera de ti,
Y no hay refugio como el Dios nuestro."

Lea 1 Samuel 2:1-10

En realidad, la historia de Ana es la historia de una mujer; de una madre. Nuestros corazones comprenden el de esta mujer que quería ser madre y que deseaba tanto tener un hijo, que "lloraba y no comía". ¿Acaso no la imaginan en el templo cuando, "con amargura de alma", "oró a Jehová y lloró abundantemente"? Ninguna mujer que ha experimentado ese deseo profundo, que proviene de Dios, de ser madre y sentir el calor de un bebé en sus brazos, censuraría a Ana por haber hecho el pacto que hizo con el Señor. El Padre mismo no la castigó por eso sino que respondió a su plegaria, aceptó su hijo y lo usó como instrumento para su reino. Y luego, para dar un fin hermoso a la historia, le dio tres hijos y dos hijas más con lo cual bendijo su vida y completó su hogar.

El pequeño Samuel fue un hijo *deseado* y sus primeros años estuvieron colmados por el amor de su madre. Por otra parte, Ana no olvidó al Señor cuando su plegaria recibió respuesta, como hacen tantas personas en nuestros días. Cuando lo destetó, lo llevó al templo, lo dedicó al Señor y elevó una plegaria que ha llegado hasta nosotros a través de los siglos. La oración expresa el gozo en su Dios, el triunfo sobre las dificultades que se le presentaron, la estabilidad fundada sobre la Roca de su salvación, humildad, fortaleza y justicia.

Sigamos hoy el ejemplo de Ana mientras, nosotras también, "¡alabamos al Señor por su bondad y por sus obras maravillosas para con los hijos de los hombres!"

Oh, Señor, mi refugio y fortaleza, mi roca, en quien confío, te alabo por la protección de tus alas y por el poder de tu presencia. Te agradezco también por dejar este niño en mis brazos para amarlo y protegerlo. Ayúdame a mí, su madre, para que viva siempre·bajo la sombra del Todopoderoso, en el lugar secreto del Altísimo. En el nombre de Jesús. Amén.

SU CUNA

De gozo se mecía
Nuestro viejo mundo,
Cuando el niñito de María
A pesar del frío
Apareció en él.
¡Oh, que él pudiera descansar ahora
En su cama tan especial!
Al través de ti y mí,
Que amamos y ayudamos a comunicar
La sencillez aquí.

HERBERT SEYMOUR HASTINGS

El Nacimiento de Nuestro Señor

"Entonces el ángel le dijo:
María, no temas, porque has hallado
gracia delante de Dios.
Y ahora, concebirás en tu vientre,
y darás a luz un hijo,
y llamarás su nombre Jesús...
Y dio a luz a su hijo primogénito,
y lo envolvió en pañales,
y lo acostó en un pesebre."

Lea Lucas 2:1-7

¡Qué extraño nos resulta, mientras yacemos sobre nuestras camas confortables, que el Señor de la gloria, que merecía la cuna más lujosa del mundo, haya nacido en un establo y que haya apoyado su cabeza sobre una almòhada de paja! ¡Qué molesto y accidentado debe haberle parecido el viaje a María cuando cabalgaba, probablemente sobre el lomo de un burro, desde Nazaret hasta Belén! Quizás hasta caminó todos esos kilómetros. ¿Habrán comprendido, María y José, la profecía acerca del lugar donde nacería Jesús, o acaso llegaron a temer en algunos momentos que el niño naciera antes de arribar a su destino?

Se cuenta de una niñita que provenía de un hogar acomodado quien le preguntó un día a su madre: "Mamá, no entiendo por qué, si Dios es tan rico, permitió que su Hijo naciera en un pesebre. ¿Por qué no le compró una camita igual a la mía?"

Podríamos detenernos en especulaciones acerca del parto producido en ese establo tan poco higiénico, la falta de un médico que atendiera a la madre y el niño, la escasez y sencillez de la ropa que había llevado María para envolver al pequeño. Pero todos estos detalles se pierden ante el esplendor de la situación. Y todo ello comienza cuando el ángel dice a María que dará a luz al "Hijo del Altísimo". La sencillez del lugar acentúa la belleza del niño, lo maravilloso de su llegada y la adoración silenciosa de los primeros visitantes que se inclinaron a sus pies. ¡Ojalá podamos meditar, en este momento tan pleno de gozo, sobre el nacimiento de nuestro Salvador y le abramos nuestros corazones como nunca lo hicimos hasta ahora!

Padre nuestro que estás en los cielos, que mandaste tu Hijo unigénito hasta nosotros en la forma de un bebé, te agradezco el milagro del nacimiento. También te doy gracias porque, puesto que el Salvador nació en este mundo, yo puedo "volver a nacer" en el reino de Dios. Que el nacimiento de mi criatura me haga presente a tu Hijo que vino al mundo para que yo alcanzara la vida eterna. Amén.

MATERNIDAD

Dentro de la cuna que junto a mi cama está,
Yace un bultito tierno en dulce tranquilidad;
Y yo me inclino a verlo con ojos de amistad
Como María viera al Niño de Jehová.

¡Oh mundo de las madres, somos muy bendecidas!
Pues todas conocemos el gozo y la emoción,
Que en aquella noche de estrellas encendidas
Sintió María virgen, con fe en su corazón.

ANNE P. L. FIELD

DIA CUATRO

Cántico de María

"Entonces María dijo:
  Engrandece mi alma al Señor;
  Y mi espíritu se regocija en Dios mi Salvador.
  Porque ha mirado la bajeza de su sierva;
  Pues he aquí, desde ahora me dirán bienaventurada todas las generaciones."

Lea Lucas 1:46-55

Cuando se encuentran dos mujeres embarazadas, la conversación siempre es muy animada y llena de esperanzas. Pero en el encuentro famoso entre María, la madre de Jesús, y Elisabet, la madre de Juan el Bautista, hubo más alegría y gozo del habitual. Llena con el Espíritu Santo, Elisabet exclamó a gran voz,

"Bendita tú entre las mujeres,
y bendito el fruto de tu vientre...
Porque tan pronto como llegó la voz de tu
  salutación a mis oídos,
La criatura saltó de alegría en mi vientre."

El Magníficat de acción de gracias de María es muy parecido al cántico de Ana. María también aprovecha la ocasión para alabar a Dios por su grandeza, su santidad, su misericordia, su poder y su justicia. En su humildad, se pregunta por qué el Altísimo eligió a una sierva tan pequeña como ella para ser bendita por siempre entre las mujeres.

Si el corazón de María estaba tan colmado de alabanzas antes de que naciera el Señor Jesús, ¿pueden imaginar su alegría cuando por fin Dios hecho carne se acunaba en sus brazos? Cuando los pastores volvieron a sus rebaños, Lucas nos dice que "María guardaba todas estas cosas, meditándolas en su corazón." Debe haber sido una persona callada y piadosa pues meditaba secretamente sobre los profundos acontecimientos del día, elevando la mirada hacia Dios a fin de obtener la fuerza necesaria para enfrentar las nuevas responsabilidades.

Nuestra tarea sólo es menor que la de María y el Dios que nos da fuerzas es el mismo Padre lleno de amor que miraba a la criatura divina hace dos mil años. Enfrentemos nosotras también el futuro, como María, con alabanza, confianza y una fe inquebrantable en nuestro Dios.

Padre mío y Dios mío, mi corazón se ha conmovido ante la alabanza y el agradecimiento de María, la madre de Jesús. No encuentro palabras para expresar mi gozo como lo hizo ella, pero tú sabes lo que siente mi corazón. Te doy mi agradecimiento sin palabras y te ruego que me des fuerzas para enfrentar las noches y los días que me depara el futuro. Amén.

VIENE EL NIÑO

De las manos del Padre,
De su nueva creación,
De un clima admirable
A una gran confusión;
A las viejas rencillas
De la humana historia,
A una tierra intranquila:
Viene el niño en su gloria.

Por él nos proponemos
Cumplir nuestro deber;
Y un gozo bello y nuevo
Por él podemos ver.
Por él somos humildes,
Se allana todo mal;
Nuestra alma en él recibe
La gracia celestial.

MIRIAM SIEBER LIND

La Preparación de Elisabet

**"Ambos eran justos delante de Dios,
Y andaban irreprensibles en todos los mandamientos y ordenanzas del Señor."**

Lea Lucas 1:5-17

Dios, que "no mira lo que mira el hombre... pero... mira el corazón", no eligió hombres y mujeres de gran influencia mundana para participar en los acontecimientos relacionados con el nacimiento de nuestro Salvador. En lugar de ello, eligió personas pobres, humildes, sencillas; seres que "andaban irreprensibles en todos los mandamientos y ordenanzas del Señor". ¿Y qué mejor calificación para afrontar la paternidad podemos encontrar que el corazón piadoso y temeroso de Dios que vio el Señor en Zacarías y Elisabet?

La mayor parte del relato del nacimiento de Juan el Bautista describe las experiencias de Zacarías, su pecado inicial de duda y el triunfo final de su fe. Acerca de Elisabet, en cambio, sólo nos enteramos de su gozo, pues por fin el Señor había quitado su afrenta entre los hombres y había dado respuesta a su ruego. Vemos su fe, su humildad y su obediencia al poner nombre y educar a su hijo. ¡Cuánto nos dice acerca del carácter de Elisabet el hecho de que el ángel Gabriel haya enviado a María a visitar a su prima para que ésta fortaleciera su fe y su valentía!

Debido a su fidelidad hacia Dios, Elisabet pudo cumplir el plan que el Padre celestial había dispuesto para ella y su hijo "crecía, y se fortalecía en espíritu" (Lucas 1:80).

Si bien es cierto que ningún ángel nos ha revelado el destino de la pequeña vida que tenemos a nuestro lado, no cabe la menor duda de que Dios tiene un plan para él tal como lo tenía para Juan el Bautista. De manera que nuestro cántico de acción de gracias debería estar acompañado de una oración para alcanzar la pureza interior que nos permita prepararnos para cumplir la voluntad de Dios al educar y formar a nuestro hijo.

Dios mío, comprendo que la preparación más importante para cumplir con mis deberes como madre es llevar una vida recta y sin mancha a fin de dar un buen ejemplo a mi hijo. Puesto que no puedo hacerlo por mis propios medios, ven a mi corazón y mora en él. Fortalece mi ser interior con la presencia de tu Espíritu. Te lo ruego en el nombre de Jesucristo. Amén.

EL PODER DEL NIÑO

El hombre es poderoso,
Gobierna tierra y mar;
Y cuando empuña el cetro,
El sabe dominar.

Pero un poder más grande
El hombre conoció:
El Niño del pesebre
Al mundo dominó.

W. R. WALLACE

Una onza de madre vale por una libra de clérigos.

PROVERBIO ESPAÑOL

El Privilegio de Jocabed

"La que concibió, y dio a luz un hijo; y viéndole que era hermoso, le tuvo escondido tres meses. Pero no pudiendo ocultarle más tiempo, tomó una arquilla de juncos ... y colocó en ella al niño y lo puso en un carrizal a la orilla del río."

Lea Exodo 2:1-10

El pequeño Moisés nació en una época difícil. En esos tiempos, las madres hebreas tenían razones para sentirse inseguras acerca del futuro de sus pequeños. El faraón estaba tan decidido a someter al pueblo judío, que usaba los métodos más espantosos para detener el aumento de los miembros de este grupo minoritario en su territorio.

Es poco lo que sabemos sobre Jocabed, la madre de Moisés. Sin embargo, nos damos cuenta de que debe haber estado dotada de una buena medida de sabiduría materna. Inspirada por un poder superior, trazó un plan que no sólo salvó la vida de su hijo sino que, además, lo instaló en el palacio del monarca que pretendía destruirlo.

Al nacer Moisés, es probable que su madre haya estado demasiado ocupada escondiéndolo de las autoridades como para escribir un cántico de acción de gracias como hicieron Ana y Elisabet. ¡Pero cuánto debe haberse alegrado cuando el niño cumplió tres meses! En su providencia, Dios le había concedido el privilegio de cuidar a su hijo y formarlo en los caminos de la justicia para una vida dedicada al servicio de Dios. A pesar de que en ese momento Jocabed lo ignoraba, su pequeño se convertiría en líder del pueblo de Dios y siempre se le recordaría por su fe y su obediencia al Señor.

Sin duda alguna, Dios se siente honrado por nuestras oraciones de alabanza y agradecimiento, pero desea algo más de nosotros. Quiere que le demostremos nuestra gratitud formando hijos e hijas que, igual que Moisés, rehusen "llamarse hijo de la hija del Faraón, escogiendo antes ser maltratado con el pueblo de Dios, que gozar de los deleites temporales del pecado" (Hebreos 11:24, 25).

Padre bondadoso, te agradezco por el ejemplo de Jocabed, una de las grandes madres de todos los tiempos. Si pudiste librarla de un peligro tan grave, sin duda podrás guiarme en los problemas que presenta la crianza de mi hijo, por más difíciles que sean. Pues yo también quiero cuidar de mi hijo y educarlo para tu servicio. Amén.

EL NUEVO BEBE

"¡Qué lindo y qué rojo!"
Al verlo dijeron.
Y en su cabecita
Dos mechas le vieron.

Después, sin cobijas,
Miraron sus pies;
Su piel con arrugas
Y roja a la vez.

Oí los susurros
Muy cerca de mí:
"¿Pensaron ustedes
Que él fuera así,
Como un pajarito?"
Ellos no supieron
Que lo oí todito.

Después sonreí
Al verlo comer,
Y en la cuna estaba
Mi nuevo bebé.

Y aunque era chiquito,
Llorón al nacer,
Todos en su turno
Queríanlo ver.

OSIE HERTZLER ZIEGLER

Gozo Familiar

"Dios hace habitar en familia a los
desamparados..."

SALMO 68:6

"Tu mujer será como vid que lleva
fruto a los lados de tu casa;
Tus hijos como plantas de olivo
alrededor de tu mesa."

SALMO 128:3

En tiempos cuando la vida de familia se desintegra, cuando el egoísmo destroza los hogares y trae al mundo hijos que no son deseados por sus padres, ¡cuánto consuelo y qué sensación de estabilidad nos brinda nuestro Dios inmutable y su institución divina, el hogar cristiano!

Según el Salmo 128, el hombre que "teme a Jehová, que anda en sus caminos", encuentra la satisfacción más profunda y más delicada en su esposa y sus hijos. El Salmo 127 dice: "Bienaventurado el hombre que llenó su aljaba de ellos (hijos)." Sin duda alguna, este gozo de tener "la aljaba llena" al cual se refiere el salmista no es el orgullo paterno egoísta que interpreta un don de Dios como un mérito personal. Si bien este gozo no se manifiesta jactándose de los propios hijos, implica una auto estima sana y legítima. Pues el salmista agrega: "No será avergonzado cuando hablare con los enemigos en la puerta."

La mujer que obedece el llamado de Dios a la maternidad actúa de acuerdo al plan que un Dios omnisciente trazó para su vida. El salmista la presenta como una vida hermosa y llena de frutos y el autor de Proverbios afirma que su valor es muy superior al de los rubíes. En la maternidad, como en todas las áreas de la vida, el hecho de vivir según la voluntad de Dios brinda paz interior, experiencias regocijantes y satisfacciones duraderas. Todo ello agregado a la cuota diaria de problemas, pruebas y enseñanzas que se aprenden con dolor.

Amado Padre de las madres y los padres, te doy gracias por establecer el hogar como un lugar donde podemos compartir las relaciones más hermosas. Te doy gracias por haberme hecho mujer, esposa y madre. Ojalá sea digna de este llamado y convierta a mi hogar en un lugar lleno de gozo. En el nombre de Jesucristo. Amén.

Un cansado doctor ha fallecido hoy,
Y un niño varón hoy también nació—
Un ser pequeñito, débil y rosado,
Y otro ser ya viejo, cuyo vigor pasó.
Y, a la mitad del camino aquí,
Y, a la mitad del camino allí,
En un monte alto de aire iluminado
Ellos se encontraron
Y también pasaron,
Mas se detuvieron para conversar
A la luz del alba en su despuntar.

Con su mirada sabia y sus cansados ojos,
El hombre al niño tierno atento lo miró;
Y el niño pequeñito, de piel y labios rojos,
Un poco sorprendido a él también lo vio.
Y así le dijo: "Pienso que no voy a nacer;
Tú estás viejo y triste, según puedo ver."
Y encogió los hombros para emprender el vuelo
Y recorrió el camino bajo el celeste cielo.

Pero el doctor cansado se levantó de nuevo
Al oír el llanto del que al nacer lloró;
Y a su memoria vino el familiar recuerdo
De trabajo y penas que aquí sufrió.
"Vé", le dijo. "Es bueno y malo:
Muchacho, lo nuestro es duro. ¡Sigue adelante!"
Y le instó a que diera el decidido paso
Hacia la tierra que le esperaba amante.

HAROLD FRANCIS BRANCH

DIA OCHO

Un Gozo Aun Mayor

"La mujer cuando da a luz, tiene dolor, porque ha llegado su hora; pero después que ha dado a luz un niño, ya no se acuerda de la angustia, por el gozo de que haya nacido un hombre en el mundo. También vosotros ahora tenéis tristeza; pero os volveré a ver, y se gozará vuestro corazón, y nadie os quitará vuestro gozo."

JUAN 16:21, 22

Estas palabras de consuelo, en las cuales la madre del recién nacido descubre significados nuevos, fueron pronunciadas por nuestro Señor ante sus atribulados discípulos, poco antes de abandonarlos para ir con el Padre. Con este ejemplo elocuente, Jesús señaló de qué manera todas las dificultades que enfrenta el auténtico discípulo cristiano desaparecerán algún día ante la experiencia de la felicidad eterna.

Esos once discípulos estaban sentados alrededor de su Maestro, desconsolados. Esperaban que les hablara de su unión con él y no que les anunciara que se iría a algún lugar remoto. ¡Si al menos les hablara con más claridad! No podían comprender el significado de sus palabras: "Todavía un poco y no me veréis, y de nuevo un poco y me veréis." Esa mezcla extraña de alegría y tristeza, sufrimiento y consuelo, paz y conmoción los intrigaba de manera profunda.

Solamente lo comprendieron plenamente después que Jesús resucitó de entre los muertos, ascendió al cielo y les envió el Espíritu Santo: "En el mundo tendréis aflicción; pero confiad, yo he vencido al mundo." El Consolador vino al mundo y la respuesta a la oración de Jesús por sus discípulos fue un poder espiritual que siguió dando frutos a lo largo de los siglos.

Si aplicamos la lección a nuestra experiencia personal, comprobaremos que ya hemos olvidado esas horas ansiosas del trabajo de parto, pues sentimos la enorme satisfacción de tener al bebé a nuestro lado. ¡Con cuánta mayor celeridad nos olvidaremos de los problemas que nos presenta la vida, cuando la eternidad nos lleve a la presencia tan anhelada de nuestro Señor Jesucristo!

Oh, Cristo, te damos gracias por explicar las grandes verdades del reino con palabras que podemos entender. Te damos gracias por las alegrías del mundo que nos recuerdan el placer que nos deparará la vida eterna contigo. Concédeme que hoy more en lugares celestiales en ti para que en el futuro pueda gozar los tesoros de tu gracia en el cielo. Lo ruego en tu nombre. Amén.

TRIBUTO A LA INFANCIA

Cuando Dios creó al niño, comenzó temprano por la mañana. Observó cómo los rayos dorados de la aurora alejaban a las tinieblas. Eligió entonces diferentes colores para los ojos y los cabellos de los niños. Escuchó los trinos de los pájaros mientras canturreaban y murmuraban, y dotó a las cuerdas vocales del niño con notas ora suaves y bajas, ora dulces y agudas.

Vio cómo correteaban, saltaban y jugaban los corderitos y puso el juego en el corazón del niño. Contempló el arroyo plateado y escuchó su música e hizo la risa del niño semejante al fluir del arroyo. Observó cómo los ángeles de la luz se afanaban en el deber sagrado sobre las alas del amor y formó el corazón del niño en la pureza y el amor.

Y una vez que hubo hecho al niño, lo envió a la tierra para llevar alegría al hogar, risa a los valles y gozo por doquier. Lo envió al hogar y dijo a los padres: "Alimentad y formad el niño para mí." Lo envió a la iglesia y dijo: "Enseñadle mi amor y mis leyes." Lo envió a la sociedad y dijo: "Tratadlo con dulzura y os bendecirá y no os maldecirá." Lo envió a la nación y dijo: "Sed buenos con el niño. Es vuestro mayor tesoro y vuestra esperanza."

GEORGE W. RIDEOUT

El Don Perfecto

"Toda buena dádiva y todo don perfecto
desciende de lo alto, del Padre de las luces,
en el cual no hay mudanza, ni sombra de
variación."

SANTIAGO 1:17

Un amigo nuestro, fascinado por la alegría de ser padre por primera vez, nos escribió: "Aún me pregunto en qué momento los padres pueden recibir el reconocimiento de los demás por su buena conducta, tal es la medida en que la bondad de la dádiva refleja la bondad aún mayor del Dador." Todos sabemos que jamás podemos recibir reconocimiento alguno por el milagro de amor que hemos recibido en nuestros brazos, pues se trata de un don absolutamente inmerecido y todo mérito corresponde al Rey de gloria.

Nuestra pequeña y movediza criaturita llegó para Navidad, recordándonos así de manera muy especial, que los bebés son dones maravillosos. Sin duda alguna, ningún otro regalo nos había exigido tanta energía, tiempo y dinero. Pero, al mismo tiempo, jamás hubo otro regalo de Navidad que encerrara la eternidad dentro de sí. Era una unión de nuestras personalidades determinada por Dios y, a la vez, era un alma nueva y viva. Apenas consciente de todo lo que estaba más allá de él mismo y sus necesidades, llegó hasta nosotros con una sorprendente capacidad de amar. Ese amor se fue desarrollando y madurando a medida que recibió el amor de los demás y aprendió acerca del amor de Dios. Y lo más significativo de todo es que este don fue creado por Dios mismo a su imagen y para su gloria. Es nuestro hoy, pero pertenece a Dios para la eternidad.

"¿Qué pagaré a Jehová
Por todos sus beneficios para conmigo?
Tomaré la copa de la salvación,
E invocaré el nombre de Jehová.

Ahora pagaré mis votos a Jehová
Delante de todo su pueblo."
EL SALMISTA (SALMO 116:12-14)

HIMNO A LA MADRE

A ti, Señor, que das a la humanidad
Herramientas buenas y cuidados tiernos,
Te damos gracias por lazos de amistad
Que a la madre unen con su amado hijo.

Gracias a ti damos por la esperanza,
Que ella siempre anida en su corazón;
Por su bello infante, que miradas lanza
A su dulce madre con vivaz fulgor.

Por tus bendiciones, gratitud a Ti,
Porque su niñito en su regazo está;
Y cual buena madre ella le enseña allí
A mirar al cielo y a Dios orar.

Así dio gracias la bendita María
Cuando al santo Niño lo tenía en brazos,
Quien bajó del cielo en un glorioso día,
Pues vino en busca del pecador ingrato.

¡Oh Dios!, concede a la responsable madre
La suficiente fuerza y tu clara luz,
Para que conduzca a su niño, oh Padre,
Por vías de amor, verdad y rectitud.

WILLIAM CULLEN BRYANT

DIA DIEZ

Un Salmo de Acción de Gracias

"Cantad alegres a Dios, habitantes de toda la tierra.
Servid a Jehová con alegría;
Venid ante su presencia con regocijo.
Reconoced que Jehová es Dios;
El nos hizo, y no nosotros a nosotros mismos;
Pueblo suyo somos, y ovejas de su prado.

"Entrad por sus puertas con acción de gracias,
Por sus atrios con alabanza;
Alabadle, bedecid su nombre.
Porque Jehová es bueno; para siempre es su misericordia,
Y su verdad por todas las generaciones."

EL SALMISTA (SALMO 100)

II. "Jehová ha oído mi ruego . . ."

MEDITACIONES SOBRE EL NIÑO

A UN NIÑO A QUIEN CONOZCO

Mi pequeño niño, de ojos
Cual violetas resplandecientes,
Y de una cara salpicada
De sonrisas tan complacientes.
Tienes hermosura que está
Inocentemente fluyendo,
La cual aún no sufre estorbo
De una mente que esté mintiendo.
Tu alma está respirando,
Pacífica como una flor;
Y ella al amarme me conserva
En contacto con el amor.
Antes de que este mundo avance,
Valorizo yo cada hora,
Que por tu medio eleva a mi alma
Al Dios bendito, a quien adora.

J. M. BALLANTYNE

Como Un Niño Pequeño

"Un niño los pastoreará."

ISAIAS 11:6b

"De la boca de los niños y de los que maman
perfeccionaste la alabanza."

MATEO 21:16

"Y tomó a un niño, y lo puso en medio de
ellos."

MARCOS 9:36

Sin duda alguna, para los amigos más íntimos de Jesús aquí
en la tierra, los doce apóstoles, algunas de sus palabras y acciones
resultaron muy difíciles de comprender. A pesar de ser el hombre
más grande que jamás vivió, el Hijo del Altísimo, les dijo que no
había venido a salvar su vida sino a perderla. Vino como un siervo,
no para ser servido sino para servir.

Poco tiempo después que Jesús dijera: "Si alguno quiere
venir en pos de mí, niéguese a sí mismo", estos discípulos sencillos,
humanos, iniciaron una discusión ridícula.

"Creo que yo seré el mayor en el reino de los cielos", fue,
esencialmente, lo que afirmó cada uno de ellos apoyándose, sin
duda, sobre razones muy convincentes.

¡Qué decepción para el Señor Jesús, que había tratado de
hacerlos comprender cómo era el verdadero reino de Dios! Sin
embargo, no los reprendió con dureza. "Si alguno quiere ser el
primero, será el postrero de todos, y el servidor de todos" (Marcos
9:35).

Luego les impartió una lección práctica que les resultaría difícil para olvidar. Tomó a un niño en sus brazos y les dijo que si pretendían entrar al reino, deberían convertirse en niños. Y si querían
ser verdaderamente grandes, deberían estar dispuestos a tratar
hasta a los niños pequeños como lo tratarían a él, su Señor.

Resulta fácil criticar a esos primeros discípulos, pero, cuántas veces nosotros mismos nos comportamos inmaduramente en lugar de ser como niños. Cuán agradecidos debemos sentirnos porque Dios ha puesto un niño en medio de *nuestra* familia; un ejemplo pequeño de las virtudes sencillas de inocencia, mansedumbre, confianza, perdón y amor.

Oh Señor, me has buscado y me has conocido. Sabes que muchas veces no soy como un niño en espíritu, sino inmaduro y egoísta. Enséñame, al observar a mi propio hijo, algunas de las cualidades espirituales que deseas ver en mí. Amén.

"Dejen que los niños vengan a mí,
No se lo impidan." Osadas, al escuchar su voz
Las madres se afanan. Descubriendo que es en vano
Su intento de llegar hasta él; confían sus hijos
A manos ajenas. Los pequeños, alarmados
Al verse entre tantos rostros extraños,
Se retraen y tiemblan. Pero entonces sus ojos
Encuentran el rostro de Jesús, radiante de compasión y amor.
Con gozo le extienden sus bracitos, lo acarician,
Y al recibir su paz reposan su cabeza en el pecho del Maestro.

JAMES GRAHAME

El Niño y Cristo

"Dejad a los niños venir a mí, y no se lo
impidáis; porque de los tales es el reino de
Dios... El que no reciba el reino de Dios
como un niño, no entrará en él. Y
tomándolos en los brazos, poniendo las
manos sobre ellos, los bendecía."

MARCOS 10:14-16

A pesar de que Jesús había dicho a sus discípulos el valor que
tenían los niños para él y que el ángel tutelar de todos los niños
tiene acceso al trono del Padre, los muy bien intencionados amigos
de Cristo casi echan al primer grupo de pequeños que se acercó a
él. Jesús dijo: "No los echéis. El reino pertenece a los niños
pequeños."

Cómo nos hubiéramos gozado si hubiéramos podido rodear a
Jesús con nuestros bebés y escuchar su voz suave que llamaba a
cada uno por su nombre y los acariciaba. No sabemos qué fue lo
que dijo Jesús a los niños, pero podemos estar seguras de que no les
habló con displicencia ni con palabras demasiado difíciles. Me
gusta imaginar a Cristo sonriendo con los niños; no se burló ni se
rió de ellos como suelen hacer algunas personas. Al levantarlos en
sus brazos les demostró su amor y apoyó sobre ellos la misma
mano llena de bondad que había curado y fortalecido a tantos.

La mayoría de los padres desean llevar a sus hijos a Jesús.
Pero, ¿con cuánta frecuencia sus propios corazones ansían convertirse en seguidores de Cristo? Se ha afirmado que los niños
pequeños responden con mayor facilidad a las enseñanzas cristianas que las personas mayores, por su extraña mezcla de curiosidad
y confianza; su anhelo de aprender y su disposición a creer. Nosotras, como madres, ¿estamos también dispuestas a sentarnos a los
pies de Jesús, bebiendo sus palabras llenas de vida junto con nuestros hijos? Podemos aprender muchas cosas sobre Dios y su universo mientras enseñamos a nuestros niños. Y al ver cómo él bendice a nuestros bebés, nosotras también podemos adorarle y recibir
su bendición.

Tal como las madres de aquellos tiempos, Cristo amado, te llevaron a sus pequeños para que les impartieras tu bendición, yo también te ofrezco hoy a mi bebé. Te ruego que lo tomes en tus brazos eternos y lo ames. Y ayúdame a acercarme siempre a ti para recibir tu bendición y tu inspiración. Te pido estos favores especiales en tu nombre. Amén.

EL TE ENSEÑA A TI

Ese niñito que ves
Más grande que tú él es.
Al que tú le enseñas,
Más bien él te enseña a ti;
Le enseñas a ser como Cristo,
Pero, más que tú, él le imita, sí.
Le enseñas a discernir, a ser muy listo,
Mas su conciencia es más libre y más clara.
También le enseñas a confiar en Dios,
Mas, ¡oh cosa rara!,
Eres tú quien no quiere oír Su voz,
Pues tú dudas y razonas a tu manera,
Mientras que él cree con fe sincera.
Le enseñas a perdonar,
Pero él perdona sin más tardar,
Y luego olvida la injuria cruel:
Mas tú conservas, de tu rencor, la amarga hiel.
Y así tú tratas de enseñarle amor,
Pero no puedes, y entonces clamas:
"Tú, mi niño, tú sí que eres el profesor,
Tú sí enseñas; tú sí que amas."

Así es que de él aprende y sé,
Tú, que maestro eres aquí,
Pues Cristo dice que por la fe
Como a ese niño, te salva a ti.

IDA BOYER BONTRAGER

El Niño Nos Enseña Humildad

"Así que cualquiera que se humille como
este niño, ése es el mayor en el reino de los
cielos."

MATEO 18:4

¡Si tú, hija del Rey, quieres ser verdaderamente humilde,
mira al bebé que te entregó el Señor!

En una oportunidad, Pablo dijo a Timoteo: "Porque nada
hemos traído a este mundo, y sin duda nada podremos sacar." Si
alguna vez hubo alguien que llegó a su casa con las maletas vacías,
esa persona fue su bebé. Aparte de las capacidades mentales y físicas en potencia que llegarán a desarrollarse para conformar la personalidad del niño, éste llegó al mundo con las manos vacías.

Llegó sin reputación o ambiciones. En realidad, puede darse
el lujo de ser él mismo en todo momento, jamás simula nada. La
palabra "inocencia" indica hasta qué punto su criatura carece de
la sabiduría propia del mundo.

Su bebé llegó al mundo sin resentimientos de ninguna especie
y pasará mucho tiempo antes de que aprenda a sentir rencor o
mala voluntad hacia los demás. ¡Ojalá que nunca aprenda a
hacerlo! Es como una rama que no se ha torcido, carece de toda
clase de prejuicio. Como es un alumno humilde y sincero, se le
puede enseñar cualquier cosa.

El bebé llega al mundo sin sentimientos de ansiedad. Si tiene
algún "temor" no es como los miedos tontos y complicados que
torturan nuestras vidas de adultos. El bebé no se preocupa por
saber de dónde vendrá su próxima comida y qué le sucederá al día
siguiente.

Es posible que la lección fundamental que Jesús pretendía
que aprendiéramos del niño, fuera la *humildad*, que es esencial
para todas las demás gracias cristianas.

Si queremos humillarnos como un niño pequeño debemos
olvidar toda ambición y reputación, resentimientos y prejuicios,

ansiedades y preocupaciones materialistas. Al liberarnos del barniz de sofisticación que esconde a nuestro verdadero ser, deberemos permitir que el niño honesto, sincero, confiado, capaz de amar, perdonar y aprender, viva en nuestro interior.

Pues, "él que no reciba el reino de Dios como un niño, no entrará en él."

Te alabo, Padre, Señor del cielo y de la tierra, porque escondiste estas cosas de los sabios y de los entendidos, y las revelaste a los niños. (Oración pronunciada por Jesús, según el relato de Mateo 11:25).

CONFIANZA EN DIOS

En el regazo de su madre el niño descansa,
Y en ella, sin temores, él pone su esperanza;
El ave, que está en su nido, canta una alabanza,
Y alegre proclama
Su fe en Dios, quien le bendice y ama,
Y por doquier le alcanza.

No guarda nada, y tampoco simiente planta;
No se preocupa y, sin embargo, alegre canta;
Junto al arroyo do la hierba crece y encanta.
Allí el ave le enseña al hombre
Que no debe olvidar,
Sino implorar
De su Padre el nombre.

El corazón que confía siempre está cantando
Y al sentirse liviano, sueña que está volando;
Y un pozo de paz de su interior está brotando.
Y surja bien o venga mal,
Todo lo que hoy o en el mañana esté pasando,
La voluntad es del Padre celestial.

ISAAC WILLIAMS

El Niño Nos Enseña a Confiar

"Pues si vosotros, siendo malos, sabéis dar
buenas dádivas a vuestros hijos, ¿cuánto más
vuestro Padre que está en los cielos dará
buenas cosas a los que le pidan?"

Lea Mateo 7:7-11

Cuando nació mi bebé y comprendí la medida de su
desamparo y su dependencia de mí, sentí temor pues era conciente
de mis propias limitaciones y mi falta de experiencia. Por suerte el
bebé ignoraba la total inexperiencia de su madre ¡pues de lo con-
trario nunca hubiera podido dormir tan dulcemente en su cuna!

Se ha empleado con frecuencia la imagen de dependencia
absoluta del nuevo bebé con respecto a su madre para ejemplificar
el estado de desamparo total en el cual nos encontramos nosotros
como hijos de nuestro Padre que está en el cielo. Así como la
madre se ocupa de su niño con un amor incondicional, sin preocu-
parse por la incapacidad de su hijo para expresar sus necesidades
con palabras y frases, el corazón paternal y amoroso de Dios escu-
cha cada uno de nuestros ruegos. Nuestro Padre conoce nuestras
necesidades antes de que nosotros las expresemos con palabras.
Jesús mismo nos lo dijo.

A medida que el niño crece, su confianza en los padres se
convierte en una respuesta más inteligente. Los ve como personas
que expresan el amor que experimentan hacia él de muchas for-
mas. A pesar de una visita dolorosa al dentista, una dosis de algún
remedio desagradable y alguna otra paliza, el niño sabe que sus
padres lo aman.

A veces nosotros, como cristianos, enfrentamos situaciones
que nos ponen a prueba y para las cuales no encontramos razones,
como le sucedió a Job.

Si nuestra confianza en Dios pretende ser perfecta e idéntica
a la de un niño, debemos aceptar la sabiduría superior de su amor

tanto en las situaciones difíciles como en aquellas que se acomodan a nuestros deseos. Al referirse a la confianza en la oración, Pablo recomienda a los filipenses "por nada estéis afanosos". ¡Pongámoslo en práctica!

"Por nada estéis afanosos, sino que sean conocidas vuestras peticiones delante de Dios en toda oración y ruego, con acción de gracias.

"Y la paz de Dios, que sobrepasa todo entendimiento, guardará vuestros corazones y vuestros pensamientos en Cristo Jesús."

FILIPENSES 4:6, 7

Padre mío que estás en el cielo, qué feliz me siento al saber que puedo confiar en que tú te ocuparás de mí con amor. Tal como mi bebé confía absolutamente en mí, yo descanso en la seguridad de tu amor. Dame la paz interior que se manifiesta en fortaleza y seguridad. Te lo pido en el nombre de tu Hijo. Amén.

ENSEÑAME CADA DIA

Enséñame cada día, mi buen Salvador,
La dulce lección del amor obediente;
Más dulce imposible, más verdadero
Que amar a Aquel que me amó primero.

Con un corazón infantil y amante
Que responda presto y de buen talante.
Listo para servirte y seguirte espero:
Amando a Aquel que me amó primero.

JANE E. LEESON

El Niño Nos Enseña el Amor del Padre

"Como aquel a quien consuela su madre, así
os consolaré yo a vosotros."
ISAIAS 66:13a

"Como el padre se compadece de los hijos, se
compadece Jehová de los que le temen."
SALMO 103:13

Una madre joven se dio cuenta de que el bebé de la familia
no sacaba ningún provecho de la hora de estudio bíblico que hacía
con los niños mayores. Decidió mostrarle el amor del Padre
celestial de una forma que el pequeño pudiera comprender mejor:
lo tomó en sus brazos y lo acunó. Mientras estaba sentada, meditando y meciendo al bebé, su propia vida espiritual se vio enrique-
cida y fortalecida.

Un discípulo muy amado de Cristo, de ochenta y nueve años,
dijo en una oportunidad que a pesar de ser el décimoquinto hijo de
la familia, siempre había creído que la madre sentía más amor por
él que por todos los demás. Durante todos los años de su infancia,
el recuerdo de esa madre cristiana, llena de amor, señalaba hacia
un Padre celestial que consuela como una madre y se compadece
como un padre de este mundo.

Por más profundo que sea nuestro amor por nuestros hijos,
sabemos que Dios Padre nos ama con un amor más perfecto.
Somos símbolos muy imperfectos del afecto paterno de Dios, pues
nuestro Padre jamás se siente molesto cuando lloramos. Nunca
está físicamente cansado. Jamás se distrae ni se duerme. Nos cuida
con una preocupación más profunda de la que manifestamos nosotros hacia nuestros pequeños. ¡Cuánta calidez, cuánta seguridad,
cuánto consuelo nos proporciona tener un Dios así!

Una tarde, mientras alimentaba a mi bebé, éste dejó de
comer, apoyó su cabeza contra mi hombro y, tocándome la mejilla
con su manita regordeta, dijo: "Ah, Ah." Mientras meditaba
sobre esta señal de cariño, llegué a la conclusión de que quizá la

·verdadera adoración a Dios no sea más que eso, tocar la mejilla amable del Padre celestial y murmurar "¡Ah, Ah, Padre amado!"

Ojalá mi amor por ti, Dios amado, fuera tan libre y espontáneo como el amor del niño por su madre. Ayúdame a alimentar a mi bebé con ternura para que cuando le hablemos de tu amor, responda con comprensión y amor hacia ti. Amén.

FE DE NUESTRAS MADRES

La fe de nuestras madres viviendo está,
En la canción de cuna y en la oración;
En el amor que cuida y en el hogar
La presencia de ellas trae bendición.
Fe de nuestras madres, oh viviente fe,
Te seremos fieles hasta el fallecer.

Fe de nuestras madres, abundante fe,
La fuente de confianza de la niñez;
De una raza noble, tu consagración,
La fuerza productora, potente es.
Fe de nuestras madres, abundante fe,
Te seremos fieles hasta el fallecer.

La fe de nuestras madres es fe guiadora,
De jóvenes con dudas y con anhelos;
Sin ella, la visión se torna obscura,
Y tan confusa como los negros cielos.
Fe de nuestras madres, que conduce bien,
Te seremos fieles hasta el fallecer.

La fe de nuestras madres es fe cristiana
En la verdad suprema que Dios creó;
Ella es útil al hogar y a la iglesia
Y al través de las obras se demostró.
Oh fe de nuestras madres, cristiana es;
Te seremos fieles hasta el fallecer.

ARTHUR B. PATTEN

El Niño Nos Imita

"Trayendo a la memoria la fe no fingida que
hay en ti, la cual habitó primero en tu abuela
Loida, y en tu madre Eunice, y estoy seguro
que en ti también."

2 TIMOTEO 1:5

"Cuando sea grande quiero ser como mamá (o papá)", es
una afirmación más seria de lo que solemos creer. Pues todos los
niños son imitadores: copian y llegan a convertirse en personas
muy parecidas a los adultos con quienes conviven. Se cuenta que
una niñita gritaba a sus muñecas. Cuando la madre le preguntó
por qué lo hacía, respondió que jugaba a la "mamá".

Hay una cantidad de conductas cotidianas que los niños
copian inconscientemente de sus padres: pequeños hábitos,
modales delicados o rudos, un carácter alegre o triste, una presencia prolija o descuidada, actitudes buenas o malas, palabras y
acciones correctas o incorrectas.

Para cualquier padre, el hecho de ver sus propios defectos y
virtudes reflejados en sus hijos surte un efecto conmovedor. Joseph
Joubert expresó una gran verdad cuando dijo, en 1842: "Los niños
necesitan modelos antes que críticos." Los niños perciben de
inmediato cuando predicamos una cosa y hacemos otra en nuestra
vida diaria. Tampoco podemos ocultar actitudes poco amables o
cualquier otra incoherencia creyendo que nuestros hijos no verán
nuestra verdadera personalidad.

El apóstol Pablo dijo a quienes lo seguían: "Sed imitadores
de mí, así como yo de Cristo." ¿Acaso podemos pedir a nuestros
pequeños con toda sinceridad que nos sigan a nosotros tal como
nosotros seguimos a Cristo? ¿Les estamos entregando una fe fuerte
que se manifiesta en cada una de nuestras palabras y acciones?

Quise guiar a un niño por el juego
De imitar a Cristo cada día
Y fui yo quien lo aprendió.

MABEL NIEDERMEYER McCAW

Cristo amado, este pequeño niño, tan inconsciente ahora de todo lo que sucede a su alrededor, pronto observará e imitará todo lo que yo haga. Permite que yo te imite con tanta fidelidad que no tenga por qué temer acerca de mi influencia sobre su vida. Hazme igual a tu imagen, Cristo amado, para que mis hijos vean en mí la belleza de Jesús. Amén.

SERE FIEL

Seré fiel, porque hay quienes en mí confían.
Seré puro, porque hay a quienes les importa.
Seré fuerte, porque mucho sufrir me espera.
Seré valiente, porque hay mucho a qué atreverse.

Seré amigo de todos: de mi enemigo... del indiferente...
Seré generoso olvidando lo que haya dado.
Seré humilde, porque mi debilidad conozco.
Miraré al cielo, viviré confiado, ofreceré consuelo.

HOWARD ARNOLD WALTER

DIA DIECISIETE

El Niño: Un Desafío para Llevar Una Vida Pura

"Crea en mí, oh Dios, un corazón limpio, y
renueva un espíritu recto dentro de mí."
SALMO 51:10

¿Alguna vez apretó a su bebé contra el pecho y le dijo, no en voz alta, quizá: "Mi querida almita inocente, a qué mundo desdichado te traje"? Yo lo he hecho. No obstante, he superado la etapa de preocuparme por lo que será de él en los años lejanos del futuro. Pues el período más formativo de su vida son los años que pasará junto a mí, antes de enfrentar a ese personaje tan poco confiable: la vida pública.

Mi niño adquirirá la formación fundamental sobre la vida mientras aún se cuelga de mis faldas. Como señalamos ayer, me imitará, absorberá gradualmente mis acciones y reacciones, mis hábitos y actitudes. Esto me exige un autoanálisis escrupuloso y una purificación cotidiana ante la cruz de Cristo. ¡Qué desafío para llevar una vida pura nos ofrece la vida inmaculada del niño que tenemos en nuestros brazos!

¿Pero cómo podemos incorporar la vida devocional en nuestros horarios tan sobrecargados de tareas maternales? Cuando marchamos conscientemente con Dios nos sentimos sorprendidas al descubrir la cantidad de oportunidades que se nos presentan para mantener una relación informal con él. Podemos emplear esos momentos tan agradables durante los cuales acunamos o velamos junto a nuestros bebés, para meditar sobre una verdad espiritual que necesitamos en ese instante o para conversar con el Señor, para expresarle nuestro agradecimiento o alabanza. Podemos aprender himnos de memoria mientras planchamos, o pegar un pasaje especialmente significativo de las Escrituras sobre la pileta de la cocina. Podemos llevar al Señor cosas tan preciosas como la fórmula culinaria que preparamos en ese momento o el cólico del bebé.

No cabe la menor duda de que la vida sin mancha de un bebé

recién nacido ejerce una influencia purificadora sobre la existencia de los padres cristianos. Y únicamente si concentramos nuestros corazones y nuestras mentes sobre el Señor Jesucristo, seremos capaces de guiar a nuestros hijos hacia "todo lo que es verdadero... honesto... justo... puro... amable... de buen nombre".

Jesús amado, te agradezco por interesarte en cada detalle de mi vida. Ayúdame a adorarte mientras cumplo mi tarea diaria. Concédeme la gracia necesaria para no preocuparme por enojos superficiales y problemas inexistentes. Y cuando fracase, crea en mí un corazón limpio y renueva en mi interior un espíritu justo. Amén.

UNA VERDAD ANTIGUA

Puede parecer una repetición,
Pues lo han dicho muchos una y otra vez:
Que los niños vienen como una bendición,
Y a las almas duras suavidad les dan.

Pero aunque es ya vieja esta buena historia,
Ella no ha cambiado y no cambiará:
Los niños reflejan del Señor la gloria,
No importa que sean pequeños aún.

Y así yo pienso que la verdad antigua,
No necesita nueva interpretación;
El rostro del niño da gracia del cielo
A los seres de cada generación.

HELEN GOOD BRENNEMAN

DIA DIECIOCHO

El Niño: Preservador de los Valores Vitales

"Oíd, hijos, la enseñanza de un padre,
Y estad atentos, para que conozcáis cordura.
Porque os doy buena enseñanza;
No desamparéis mi ley.
Porque yo también fui hijo de mi padre
Delicado y único delante de mi madre.
Y él me enseñaba, y me decía:
Retenga tu corazón mis razones,
Guarda mis mandamientos, y vivirás."
PROVERBIOS 4:1-4

En los tiempos cuando los bisnietos del anciano José fueron llevados a sus rodillas para que los bendijera, se consideraba que era un gran privilegio conocer e influir sobre la descendencia. Leemos en el Salmo 128:6. "Y veas a los hijos de tus hijos. Paz sea sobre Israel." Se trata de una promesa hecha al hombre temeroso del Señor. Proverbios 17:6 afirma, "Corona de los viejos son los nietos, y la honra de los hijos, sus padres."

En una oportunidad mi marido y yo recibimos una invitación para asistir a una reunión familiar muy numerosa. Había varias mesas largas con toda clase de fuentes de comida; el jardín estaba salpicado de primos de todas las edades y tamaños. Nos sentimos sorprendidos cuando nos dijeron que toda esa gente, a pesar de las diferencias de personalidad y aspecto, eran descendientes directos, por sangre o por matrimonio, de una misma pareja que había vivido no muchos años antes. No pudimos dejar de preguntarnos cómo serían las reuniones familiares que nuestros hijos y los hijos de nuestros hijos celebrarán en el futuro. ¿Será nuestra formación cristiana lo suficientemente fuerte y atractiva como para dar frutos en las generaciones futuras? ¿Qué ideales sembraremos en nuestros hijos, qué valores les transmitiremos?

En nuestros hijos tenemos la oportunidad de volver a vivir, pues son los preservadores de nuestros valores vitales. Por lo tanto, podemos luchar por alcanzar los objetivos supremos en la vida. Un ministro de una iglesia lo expresó de este modo, "si no podemos dejar un solo centavo a nuestros hijos, démosle la herencia más importante: padres auténticamente cristianos."

Dios bondadoso, te doy gracias por los lazos familiares que nos unen a nuestros seres queridos. Te doy gracias por mis padres y abuelos que me enseñaron los principios de una vida recta. Bendice a los abuelos del bebé; danos sabiduría a nosotros, sus padres, y ayúdanos a todos a enseñarle a amarte y seguirte. En el nombre de Jesús. Amén.

No es en el clamor fervoroso de las multitudes,
ni en los gritos, aplausos y silbidos de la masa,
sino en nosotros mismos, que vivimos el triunfo o la derrota.

HENRY WADSWORTH LONGFELLOW

"(Mejor es) el que se enseñorea de su espíritu, que el que toma una ciudad."

PROVERBIOS 16:32b

El Niño: Un Individuo

"Entonces Jehová Dios formó al hombre del
polvo de la tierra, y sopló en su nariz aliento
de vida, y fue el hombre un ser viviente."
GENESIS 2:7

Antes de concluir la sección de las meditaciones sobre el niño y su significado para nosotros, debemos pensar en él como un individuo nuevo, distinto e independiente. A pesar de que puede parecerse al tío Juan y tener las mismas orejas que sus parientes maternos, Dios le dio una personalidad propia cuyos rasgos se irán manifestando como el capullo de una flor ante nuestros ojos sorprendidos.

En su libro *The Christian Nurture of Children* (La Formación Cristiana de los Niños), Alta Mae Erb afirma que la personalidad del niño está determinada por los siguientes factores: las posibilidades que hereda, el cuerpo físico, el ambiente, su ser individual y la salvación de ese ser por intermedio de Cristo. Y por más extraño que parezca, los seis primeros meses de vida son muy significativos pues todas las influencias que operan sobre la personalidad del niño empiezan a funcionar mientras todavía está en los brazos de sus padres.

Ignorar los derechos del niño como persona es injusto y egoísta. No es un adulto en miniatura y no se le debe tratar como tal. Hay que respetar su personalidad y debemos construir un carácter sólido e ideales elevados partiendo siempre de sus propios rasgos y necesidades. Si bien es cierto que no podemos predicarle sermones a las tres semanas de edad, sí podemos comenzar a desarrollar el texto del sermón que significará toda nuestra vida: el amor. Pues la mayor necesidad de nuestro bebé es el amor de dos padres cristianos emocionalmente maduros.

Las plantas delicadas exigen un cuidado paciente, hábil y lleno de amor. Cuánto mayor será la necesidad que tiene la personalidad sensible de un niño pequeño, del sol de nuestro amor y la formación cuidadosa de padres comprensivos. ¡Qué privilegio y qué *responsabilidad* representa para nosotros el hecho de velar por el desarrollo de un alma inmortal!

Dios amado, al comprender todo lo que se espera de una madre me sentiría muy incapaz de cumplir mi tarea si mi mano no estuviera en la tuya. Te doy gracias por confiarme un alma viva. Ayúdame a sacar a la luz lo mejor que hay en él enseñándole, por sobre todas las cosas, a vivir, a moverse y a centrar su vida en ti. En el nombre de Jesús. Amén.

PEDIDO DE UN NIÑO

Yo soy el niño;
Todo el mundo espera mi venida,
Toda la tierra se interesa en mi destino;
La civilización depende de mí
Según lo que yo sea, será el mañana.

Yo soy el niño;
He venido a este mundo del cual no sé nada;
No sé por qué he venido,
Ni sé cómo he venido;
Pero soy curioso, me interesa saber.

Yo soy el niño;
Vosotros tenéis en vuestra mano mi destino;
Vosotros diréis si he de triunfar o si seré vencido;
Dadme, os lo ruego, aquellas cosas que construyen la felicidad;
Preparadme, por favor, para que mi vida sea una bendición.

MAMIE GENE COLE

El Niño: Nuestra Mayordomía

"Así que, ninguno se gloríe en los hombres;
porque todo es vuestro... el mundo... la
vida... la muerte... lo presente... lo por
venir, todo es vuestro, y vosotros de Cristo, y
Cristo de Dios."

1 CORINTIOS 3:21-23

De todas las verdades desafiantes que, como lo hiciera María, hemos meditado en nuestros corazones desde el nacimiento de nuestro hijo, sin duda alguna la que más nos maravilla es la pequeña parte que hemos desempeñado en la creación de un alma eterna. Masefield expresa la solemnidad del hecho de dar vida a un niño con estas palabras:

"Quien complace a un niño
Repica las campanas del cielo;
Quien da hogar a un niño
Construye palacios en el reino;
La mujer que da vida a un niño
Trae a Cristo al mundo."*

Una tarde, mi marido y yo fuimos a visitar a una pareja de nuevos y flamantes padres. Los encontramos sentados en la sala, absolutamente felices mientras observaban con silenciosa satisfacción cómo dormía el bebé. "Dios nos ha confiado una pequeña vida tan dulce", murmuró la madre. "Imaginen; no es nuestro, en realidad, sino de Dios."

Me gusta pensar en la seguridad del bebé que nace en un hogar cristiano. En cierto sentido, podemos decir que el bebé es nuestro. No obstante, puesto que nosotros pertenecemos a Cristo y Cristo a Dios, en última instancia, el bebé es de Dios. ¡Qué seguros

---

* John Masefield, *The Everlasting Mercy* (La Misericordia Eterna)

están nuestros hijos en la relación íntima del "árbol genealógico" de Dios: bebé, madre, padre, Cristo, Dios!

Así, al meditar sobre nuestro hijo, lo vemos como nuestra mayordomía; algo que Dios nos confió a fin de que lo educáramos para él. En este momento, exclamamos junto con la madre de Sansón: "Enséñanos lo que hayamos de hacer con el niño . . ." ¡Y cuán dispuesto está nuestro Padre celestial a mostrárnoslo!

Tomo con felicidad, Padre amable, este ser que me has confiado. Te doy gracias por la hermosa dependencia del bebé hacia sus padres, de un padre hacia el otro y de ambos hacia ti. Por lo tanto, no asumo sola todas las responsabilidades de la maternidad. En tí camino con confianza. Amén.

III. "Yo, pues, lo dedico también a Jehová . . ."

NUESTRA RESPONSABILIDAD HACIA EL NIÑO

PARA MATEO

Querido, pequeño,
nuestro nuevo hijo, el más tierno.
¿Cómo podríamos saber a qué mundo te hemos traído?

Tampoco Ana lo sabía
cuando Samuel yacía en su corazón feliz,
respuesta afirmativa del Altísimo.

Ni lo sabía Eunice
al acunar en sus brazos a Timoteo,
balbuciendo oraciones.

Ni Susana, cuando instruía
al adolescente Carlos, al joven Juan...
No hubiera podido saberlo.

Yo tampoco. Pero sí sé,
como ellas, estando llenas de fe,
que si tu tiempo es de angustias o de paz,
Dios quiere que vivas,
y que vivas en él, para glorificar su nombre.

Por eso te aprieto contra mi cuerpo
y, cantando, con fe dulce y tenaz, digo:
Querido, pequeño,
nuestro nuevo hijo, el más tierno.

MIRIAM SIEBER LIND

Dedicación y Educación

"Yo, pues, lo dedico también a Jehová."

1 SAMUEL 1:28

Todos sentimos admiración por Ana, la mujer que oró para que naciera Samuel; agradeció a Dios por su llegada al mundo y lo dedicó a Jehová haciendo algo que para nosotros representa un sacrificio supremo. Al mismo tiempo, nos preguntamos qué tenemos en común con su experiencia, pues nosotros mantenemos a nuestros hijos en el hogar ¿no es cierto? No los llevamos a un templo y se los entregamos a algún anciano para que se haga cargo de ellos. Eso fue lo que Dios demandó de Ana. A nosotros en cambio, no sólo nos pide que *dediquemos* nuestros hijos sino también que los *eduquemos*.

No sabemos con exactitud cuánto tiempo tuvo Ana a su hijo consigo. Sin embargo, las mujeres de aquella época no destetaban a los bebés tan rápidamente como nosotras. Basándose en las costumbres judías, algunos especialistas en estudios bíblicos creen que Ana llevó a Samuel a visitar el templo durante su primera infancia, y después lo volvió a llevar, para dejarlo, cuando tenía seis años. Sea como fuere, una vez que puso la pequeña mano del niño en la del anciano Elí, Ana había cumplido su tarea. Lo único que le quedaba por hacer era un viaje al templo todos los años para llevarle la túnica nueva que le había hecho con tanto cuidado.

Es probable que ninguna de nosotras quisiera haber estado en el lugar de Ana. No obstante, cuando dedicamos nuestros bebés al Señor, también asumimos un compromiso grave. Dios los puede llevar a su casa para que estén con él. Si los deja con nosotros, los guiaremos en sendas rectas confiando en que algún día ellos dedicarán *sus* propias vidas al servicio del Señor.

Sin embargo, una sola mirada a Aquél a quien dedicamos nuestros hijos desvanece cualquier temor que podamos sentir al entregar al Señor lo que parecía pertenecernos. Y una mirada a Aquél que "en su brazo llevará los corderos, y en su seno los llevará; pastoreará suavemente a las recién paridas", nos libera de todas esas preocupaciones tontas que suelen atormentarnos a diario. Nosotras, igual que Ana, encontramos una paz nueva y triunfante en la dedicación.

Como tú, Dios nuestro, nos entregaste tu Hijo unigénito en un amor perfecto, yo te dedico mi propio hijo con alegría. Haz tu plan para su vida, empléalo en tu servicio. Y con esta dedicación renuncio a todo pensamiento ansioso, consciente o no, acerca de su salud, su seguridad y su futuro. En el nombre de Jesús. Amén.

EL AMA DE CASA

Enséñame, Jesús, a sencilla ser,
Y humilde pueda tu ley obedecer.

A barrer los pisos y lavar la ropa,
Y adornar con rosas cada vaso y copa.

A planchar y zurcir alguna ropita,
Mirando el reloj para hacerlo prontito.

Y que mucho tiempo libre tenga, sí,
Para las preguntas que me hagan a mí.

Dame, como madre, la sabiduría,
Para criar a mi hijo cual lo hizo María.

CATHERINE CATE COBLENTZ

El Cuidado Físico

"Y cualquiera que dé a uno de estos
pequeñitos un vaso de agua fría solamente,
por cuanto es discípulo, de cierto os digo que
no perderá su recompensa."

MATEO 10:42

Una de las cosas que nos resultan más difíciles de comprender acerca de Dios, es cómo puede gobernar el universo con absoluto poder, por un lado y, por el otro, mantener una cuenta exacta de la cantidad de cabellos que tenemos. Puesto que nuestras mentes finitas no pueden comprender un sistema tan complejo de contabilidad eterna, encontramos difícil creer, debido a nuestra poca fe, que se nos recompensará por un servicio tan insignificante como un vaso de agua fría que se da en el nombre de Jesús.

¿Alguna vez se ha preguntado hasta dónde llegarían los pañales lavados en un período de dos años si los colgara todos juntos, uno al lado del otro? ¿Acaso no se ha sentido tentada de pensar que no tenía nada que mostrar como producto de un día de trabajo en una jornada, cuando el bebé le ocupó más tiempo que nunca, llorando mucho, quizás, y ensuciando más ropa que de costumbre? Si alguna vez ha sentido que Dios no tiene en cuenta cada detalle de esas tareas que le exigen tanto tiempo, vuelva a leer Mateo 10:42.

El hecho de ayudar al niño recién nacido a satisfacer sus necesidades biológicas tales como succionar, dormir, sentir las caricias suaves de la madre y demás, es una parte importante de la maternidad. Nos han dicho que la forma en que la madre alimenta, lava y viste a su bebé le transmite su amor y cuidado antes de que el niño pueda comprender el significado de sus palabras. ¡Qué importante es, entonces, llevar a cabo estas tareas con un espíritu de amor y devoción!

Nos ocupamos de nuestros bebés en el nombre de Cristo cuando hacemos cada una de las tareas como si se la hiciéramos a él, poniendo amor en cada uno de nuestros actos. Cumplimos todo nuestro trabajo diario en el nombre de Cristo cuando rogamos su bendición y su guía, inclusive para las tareas más nimias.

Padre celestial, nunca tuve conciencia de la cantidad de problemas que enfrentan las madres hasta que me convertí en una de ellas. Te doy gracias por la cantidad de libros sobre puericultura que me ayudan tanto, por los amigos generosos y por los médicos amables que siempre están dispuestos a alentar y ayudar. Permíteme solicitar tu ayuda en cada una de las tareas cotidianas de alimentar, bañar, cambiar y consolar a mi bebé. Ayúdame a hacer todo con cuidado y cariño, como si te lo hiciera a ti. Amén.

LA SONRISA DEL BEBE

*Dicen los doctores y las enfermeras
Que la sonrisa de mi hijo no es de veras.
Que él no sonríe, sino que sólo mueve
Su boquita tierna en dolor muy leve.*

*Pero la abuelita lo explica mejor:
Ella dice que a darle beso de amor
Viene un ángel del cielo, y el bebé
Sonríe contento cuando al ángel ve.*

HELEN GOOD BRENNEMAN

El Cuidado Emocional

"Que enseñen a las mujeres jóvenes a amar a
sus maridos y a sus hijos."

TITO 2:4

"Oye, mamá, riamos un rato." Con estas palabras un niñito
dijo a su madre que necesitaba diversión, la compañía alegre de su
madre. Quizá la madre estaba demasiado ocupada en ese
momento y no percibió que su hijo se sentía algo solo, que la necesitaba. ¿No es éso lo que nos sucede a las madres con frecuencia?
Estamos tan ocupadas en el cuidado del cuerpo del niño que olvi-
damos su ser interior, su cuidado emocional.

Quienes estudian la niñez nos dicen que las experiencias
agradables desarrollan en los niños sentimientos de amor y que con
frecuencia los niños "malos" son niños "infelices". La insuficiencia
de afecto paterno se manifiesta en la personalidad y la conducta del
niño con toda claridad. Los pequeños no se desarrollan de manera
adecuada en el plano físico, mental o espiritual cuando no se satis-
face su necesidad de amor.

Un médico hizo la siguiente afirmación al referirse a la necesidad de amor que experimenta el niño: "La criatura recién nacida
necesita sentir el contacto del cuerpo de la madre, sus caricias suaves. Necesita escuchar sus palabras de alegría y que se atienda de
inmediato a todas sus necesidades físicas. Necesita sentir, a toda
edad, que se le ama y desea, no tanto porque es bueno, sino porque
es él."

A pesar de que Dios nos ha bendecido con un amor natural
por nuestros bebés, debemos aprender a expresar ese amor de
manera significativa. La acción de dar un amor inteligente
requiere tiempo, paciencia y reflexión e, igual que las vitaminas, es
un requisito cotidiano. No obstante, la confianza que nos tienen
nuestros hijos, la compañía y la amistad que comparten con nosotros, serán recompensa suficiente por el tiempo y la energía que
invirtamos en demostrarles cuánto los amamos.

Dios mío, tú eres la luz misma y has irradiado luz y amor dentro de mi corazón. Sólo tú, Padre amado, sabes cómo rebosa mi corazón por el afecto que siento hacia este pequeño ser. Ayúdame a recordar que la vida en este mundo es muy diferente de la seguridad y la calidez de mi cuerpo, donde vivió durante los primeros nueve meses de su existencia. Ayúdame a abrazarlo con ternura; ayúdalo a comprender que es amado y deseado. Amén.

EL MAESTRO

¿Quién soy, Señor, para enseñar la vía
A los pequeñuelos día tras día
Cuando extraviada está la vida mía?

Les doy conocimiento, mas yo sé
Que es pobre y flaca mi poquita fe,
Y es mi luz tan débil que ni se ve.

Yo les enseño que conviene hacer
Un servicio justo a todo ser,
Mas yo no siempre el bien puedo ofrecer.

Les pido que amen a la humanidad,
A quienes Dios hizo en su bondad,
Mas mi amor no llega ni a la mitad.

Señor, si a los niños yo he de guiar,
Concede que puedan en mí mirar
Al maestro que en ti sabe confiar.

LESLIE PINGKNEY HILL

El Cuidado Intelectual

"Y las repetirás a tus hijos (las palabras: los
mandamientos de Dios), y hablarás de ellas
estando en tu casa, y andando por el camino,
y al acostarte, y cuando te levantes."

DEUTERONOMIO 6:7

¿Es cierto que el niño aprende la mitad de lo que sabrá durante toda su vida antes de cumplir los tres años de edad? Eso es lo que creen muchos autores. Si es así, entonces la afirmación de H. W. Beecher, "El corazón de la madre es el aula del niño", es un verdadero desafío para las madres.

¿Qué clase de cuidado intelectual obtendrá nuestro pequeño mientras permanece en nuestra "aula", mucho antes de ir a la escuela? ¿Qué cursos le impartiremos? ¿Acaso el aula que lo rodea (nuestro hogar) será artístico y le enseñará el sentido de la belleza? ¿Le enseñará el equipo del aula (sus juguetes) a hacer cosas constructivas? ¿Responderemos cuidadosamente a sus preguntas? ¿Habrá buenos libros y buena música para desarrollar su gusto? Y ¿será la Biblia el libro principal en nuestra biblioteca?

Hay mucha gente que cree que el único lugar donde el niño recibe su educación es la escuela. Es un error muy serio. Cuando los pequeños irrumpen en las aulas escolares ya deberían haber completado varios cursos sobre vida cristiana: obediencia, respeto por los padres y los maestros, amor hacia los demás y hacia Dios. También deberían haber recibido otras clases: manualidades, dibujo, música, economía doméstica, etcétera. El padre como Director, la madre como Maestra y ambos como instructores, deberían haber estado educando a sus hijos a partir del momento en que empiezan a coordinar la mente con los músculos en la mayor escuela del mundo: el hogar.

Salomón dijo: "Pues como *piensa* en su corazón, así es él." Y Jesús dijo: "Amarás al Señor tu Dios con todo tu corazón, y con toda tu alma, y con toda tu *mente*, y con todas tus fuerzas."

Dios mío, te doy gracias por el privilegio de jugar con mi bebé; de rodearlo con juguetes, libros y música adecuados; de enseñarle todas las lecciones básicas de la vida. Haz que aprenda, a medida que crece, que tú eres la fuente de toda belleza, de todo conocimiento y de toda sabiduría. Te lo pido por tu digno nombre.

A LAS CUATRO SEMANAS

Sus manitas se entrelazan sobre su cabeza,
Su cara dulce y bella duerme el sueño infantil,
Y mientras yo juego con las borlas de mi chal,
Que se adhiere suavemente a mi vestido,
Por él yo oro así:

Señor, que él ame este lugar—
Tu casa, que ayudaste a edificar,
Do se predica tu palabra, y también se canta.
¡Oh sí, él es tan tierno como una débil planta!
Que es posible que en el templo él grite y llore
Como un bebé travieso, y que también implore
Cualquier cosa a su padre, que en el púlpito enseña.
Aunque el hijito, lo que oye, para nada entienda,
Como las implicaciones de la Trinidad,
O de la expiación, que es de la Biblia gran verdad.
Puede ser que al principio, su manera de orar
Sea sólo sus manitas con primor juntar.
Mas así como Jesús, su Salvador creció,
Quiero que mi tierno niño, a quien Dios me lo dio,
Sepa que tú estás aquí. Y que él vea en mí
Un fiel comentario de lo que es mi amor a ti—
Una explicación más alta de lo que es mi hablar,
Que más que el sermón de "papi" pueda alcanzar.

Los himnos se reanudan; se lee la Escritura,
Y sus manitas las mueve de su cabeza a la altura.
Una leve sonrisa se dibuja en su cara.
¡Oh, que este santo lugar él siempre amara!

MIRIAM SIEBER LIND

El Cuidado Espiritual

"Instruye al niño en su camino, y aún
cuando fuere viejo no se apartará de él."
PROVERBIOS 22:6

"Criadlos en disciplina y amonestación del
Señor."
EFESIOS 6:4b

¡Cuántas veces expresó Jesús su amor y respeto por los niños pequeños! Aquel día bendito en la vida de Pedro, cuando Jesús le preguntó tres veces si lo amaba de verdad, le encargó el cuidado de sus corderos, y luego le dijo que alimentara a sus ovejas. Cristo espera que todo padre cristiano se ocupe del cuidado espiritual de sus hijos. "Madres, ¿me amáis de verdad? Entonces alimentad mis corderos."

Es importante saber *qué* daremos a los corderitos como alimento. No los llevamos a la montaña y los hacemos comer pastos duros. Del mismo modo, los niños comprenden y digieren únicamente aquellas verdades que se adaptan a su experiencia limitada. Nosotras debemos conocer la Palabra de Dios y conocer a nuestros hijos; luego adaptaremos nuestros cánticos y nuestras enseñanzas a la capacidad de comprensión del niño.

También interesa *cómo* alimentamos a los corderos. Un padre muy bien intencionado obligaba a su hijo hambriento a aprender un versículo de la Biblia todos los días antes del desayuno. Como es natural, el niño llegó a sentir gran desprecio por la Biblia. Algunos padres poco sabios han empleado la lectura de la Biblia como castigo para sus hijos. ¿Cómo podían crecer estos niños en el amor por la Palabra de Dios?

El *cuándo* y el *dónde* de la alimentación del cordero es: siempre y en todos lados. En *Your Child and God* (Su Hijo y Dios), Robbie Trent dice: "¿Enseñaré a mi hijo sobre Dios? Esto es lo que hago todos los días. Para bien o para mal, positiva o negativamente, para la fe o el temor, cada día enseño a mi hijo algo sobre Dios."

En algunas oportunidades daremos una alimentación directa a nuestros hijos: historias, versículos, cánticos, oraciones de la Biblia, experiencias en la escuela dominical y en la iglesia. Pero la alimentación indirecta del amor y la fe en todas nuestras acciones, dan sentido a las palabras que empleamos al hablar con los pequeños sobre el Padre celestial lleno de amor hacia ellos.

Padre nuestro, aún no podemos enseñar a este pequeño niño a orar. Ayúdanos a nosotros, su padre y su madre, a tratar a él y a tratarnos mutuamente de manera tal que cuando llegue a hablar contigo sepa que tú eres amable, bueno, amoroso, justo y perdonador. Amén.

¿ADONDE SE FUE EL?

A este mi hijito lo tendré sólo una vez.
Un día, de aquí unos años después,
A visitarme ustedes vendrán
Y así me preguntarán:
"Aquel niñito de pelo enmarañado,
Y de ojos cafés, ¿adónde se ha marchado?"
Y yo les diré:
"Realmente, yo no sé."
Yo sólo sé que un hombre ahora
Alto, sereno y de mente pensadora
Está aquí en su lugar.
Pero, ¿dónde ese pequeño bribón pudiera estar?
El que mis buenos zapatos tiraba fuera,
Y su comida meneaba para que se cayera;
Y a mis mejores libros sus páginas rompía,
Y en cualquier hueco o rincón se escondía.
Yo no sé y, realmente, no puedo decir
Adónde se fue; pero miren aquí
A este joven alto, fornido;
Nuestro niño pequeño, con un traje más grande, Vedle vestido.

HELEN GOOD BRENNEMAN

Viéndolo Crecer

"Y el niño crecía y se fortalecía, y se llenaba
de sabiduría; y la gracia de Dios era sobre
él."

LUCAS 2:40

Un niño muy pequeño que conozco llegó corriendo hacia donde estaba su madre, riendo mucho por una broma que había hecho a un viejo amigo de la familia. "Me saludó. Me confundió con papá." Y eso era lo que creía el pequeño, que tenía menos de cinco años de edad. Sucede que para los niños el mundo no se presenta del mismo modo que para los adultos. Esa es la razón por la cual resulta difícil comprenderlos.

Cada etapa en la vida de un niño es diferente y maravillosa. Cuando aún son bebés, parecería que hicieran algo nuevo y sorprendente todos los días. Es necesario que comprendamos los cambios que se dan en ellos y las necesidades propias de cada edad. De esa forma podremos ayudarlos con más inteligencia. No hay nada más emocionante que verlos crecer. Sin embargo, no podemos darnos el lujo de sentarnos y observarlos desde afuera pues debemos guiarlos para que desarrollen al máximo sus potencialidades. Debemos dirigir sus energías hacia canales constructivos y que merezcan la pena.

El estudio de la naturaleza infantil nos permitirá entender y solucionar los problemas que enfrentamos nosotros y nuestros hijos. La lectura de libros buenos sobre el desarrollo del niño es una buena inversión de tiempo y dinero para cualquier padre. Demás está decir que como los médicos y los investigadores que estudian y escriben sobre los niños no siempre son cristianos, debemos leer sus obras con cuidado, recordando que nuestros hijos jamás podrán ser realmente "buenos" sin la ayuda de Dios.

¡Y qué privilegio único tenemos como padres cristianos por el hecho de poder dirigirnos hacia la Palabra de Dios en busca de los principios básicos para solucionar todos los problemas que se nos presentan! Pues nosotros deseamos que nuestros hijos, al igual que el niño Jesús, no sólo crezcan y se fortalezcan en el espíritu, llenándose de sabiduría, sino también que experimenten la gracia de Dios en sus vidas.

Padre omnisciente, te damos gracias por los cambios que se operan en todos nosotros con el correr del tiempo. Por el crecimiento de los niños, por la madurez que traen los años. No quisiéramos que nuestros hijos siguieran siendo bebés, física, emocional, intelectual o espiritualmente. A medida que este bebé crece, día a día, hasta llegar a la niñez y a la edad adulta; ayúdame a mí, su madre, a guiar sus pasos por el camino estrecho que conduce a la vida. Amén.

LA ORACION DE UNA MADRE

Dame sabiduría, oh Padre celestial;
Que en los ojos de mis hijos nunca pueda ver
Una interrogación porque algo ande mal.
Haz que yo siempre muy buena y dulce pueda ser.

Que yo sea paciente ante sus necesidades
Y que la disciplina encuentre su lugar;
Haz también, Señor, que les rodee de bondades
Y que en mi rostro la risa ellos puedan mirar.

Para una madre el día de trabajo es muy largo,
Por cuanto siempre hay muchas cosas para hacer,
Pero quiero, Señor, cantar al cumplir mi encargo
Antes que el día de labor empiece a fenecer.

MARGARET E. SANGSTER

Sabiduría para Hoy

"Y si alguno de vosotros tiene falta de sabiduría, pídala a Dios, el cual da a todos abundantemente y sin reproche, y le será dada. Pero pida con fe, no dudando nada."
"No seáis sabios en vuestra propia opinión."

SANTIAGO 1:5, 6 Y ROMANOS 12:16c

Oh, sólo pedimos una pequeña medida de la sabiduría de Salomón al contemplar las responsabilidades que recaen sobre nuestros hombros de madres y al compararlas con nuestra debilidad como personas. ¿Cómo podemos guiar a nuestros pequeños por sendas rectas cuando nosotras mismas tenemos tantos problemas por resolver? Vemos los errores de los demás, ¿pero cómo podemos estar seguras de que nosotras mismas no cometeremos otros tan malos como esos y hasta peores?

Pero Aquél que dijo que su poder se perfecciona en nuestras debilidades puede usar nuestros errores para señalarnos su camino. El mismo Salomón pronunció esta plegaria: "Ahora pues, Jehová Dios mío, tú me has puesto a mí tu siervo por rey en lugar de David mi padre; y yo *soy joven*, y no sé cómo entrar ni salir ... Da, pues, a tu siervo corazón entendido ..."

Dios escuchó la plegaria de Salomón y en Efesios 1:17 leemos que hoy se nos puede dar a nosotros "espíritu de sabiduría y de revelación en el conocimiento de él". A todo cristiano creyente se le promete el Espíritu Santo, y es él quien nos conducirá hacia la verdad.

"Dije al hombre ante el umbral de los años,
'Dame una luz para encontrar el camino.'
Y respondió:
'Sal a las tinieblas y pon tu mano en
la mano de Dios.

Será mejor que la luz
Y más seguro que senda conocida.' "

AUTOR ANONIMO

Amado Padre celestial, te doy gracias por la forma en que has guiado mis pasos hasta ahora a pesar de que muy a menudo me interné sola en las tinieblas olvidando tu preocupación por mi vida. Pongo mi mano en la tuya con alegría. Ruego por obtener tu sabiduría y tu fortaleza con toda humildad. Da, pues, a tu sierva un corazón entendido. En el nombre de Jesús. Amén.

LO QUE DIOS HA PROMETIDO

*Dios no ha prometido
Cielos siempre azules,
Ni rumbo florido
En nuestro existir.
Dios no ha prometido
Días no nublados,
Ni gozo cumplido
Con paz, sin dolor.*

*Dios sí ha prometido
Dar fuerza para hoy;
Descanso al rendido
Y luz para andar.
Gracia cuando hay pruebas,
De arriba, sostén;
Amistosas nuevas
Y perenne amor.*

ANNIE JOHNSON FLINT

Fortaleza para Hoy

"Todo lo puedo en Cristo que me fortalece."
FILIPENSES 4:13

"Bástate mi gracia;
Porque mi poder se perfecciona en la debilidad."
2 CORINTIOS 12:9a

Durante los meses posteriores al nacimiento del nuevo bebé, las madres nos sentimos como aquella amiga mía que cruzaba el océano Atlántico en un avión cuatrimotor que sólo volaba con dos motores por problemas técnicos. Así como su viaje fue largo y cansador en lugar de ser agradable y rápido, el trabajo rutinario que por lo general no nos digusta, se hace algo pesado.

Sin embargo, es importante que aceptemos esta realidad como un inconveniente menor frente a un don tan inmenso. Debemos recordar que se trata de una experiencia pasajera y común a todas las mujeres y no debemos permitir que nuestra fuerza y alegría espiritual se agoten junto con la fortaleza física.

El profeta Isaías se refiere a la fortaleza espiritual cuando dice:

"El da esfuerzo al cansado, y multiplica las fuerzas al que no tiene ningunas . . .
Pero los que esperan a Jehová tendrán nuevas fuerzas;
levantarán alas como las águilas;
correrán, y no se cansarán;
caminarán, y no se fatigarán."

No obstante, no debemos gastar todas nuestras energías y fuerzas, y luego esperar que Dios las renueve. Si pretendemos recuperar la vitalidad, debemos observar ciertas normas de salud: descansar bien, comer alimentos adecuados incluyendo una cantidad suficiente de vitaminas. Podemos preparar platos sencillos, hacer algunas de las tareas hogareñas sentadas, y acostarnos junto a nuestros niños cuando los acunamos.

Dios promete fuerzas y bendiciones materiales para cada día. Si tenemos fe en él y usamos nuestras energías limitadas con sentido común, podemos estar seguras de que nos dará "fuerzas para hoy y esperanzas para mañana".

Dios mío, te doy gracias por las fuerzas que das a quienes están cansados. Sé que no pasará mucho tiempo antes de que pueda correr sin cansarme y caminar sin fatigarme. Padre mío, enséñame a ser paciente hasta que llegue ese momento. Dame la gracia y la sabiduría necesarias para reservar mis energías para hacer las tareas más importantes. Te lo ruego en el nombre de Jesús. Amén.

JEHOVA ES MI PASTOR

"Jehová es mi pastor;
Nada me faltará.

En lugares de delicados pastos me hará descansar;
Junto a aguas de reposo me pastoreará.
Confortará mi alma;
Me guiará por sendas de justicia
*   por amor de su nombre.*

Aunque ande en valle de sombra de muerte,
No temeré mal alguno,
Porque tú estarás conmigo;
Tu vara y tu cayado me infundirán aliento.

Aderezas mesa delante de mí
En presencia de mis angustiadores;
Unges mi cabeza con aceite;
Mi copa está rebosando.

Ciertamente el bien y la misericordia me seguirán
*   Todos los días de mi vida,*
Y en la casa de Jehová moraré por largos días."

SALMO 23

DIA VEINTINUEVE

Valor para Hoy

"Mira que te mando que te esfuerces y seas
valiente;
No temas ni desmayes,
Porque Jehová tu Dios estará contigo en
dondequiera que vayas."

JOSUE 1:9

Nuestra tarea

"Criadlos en disciplina y amonestación del
Señor."

EFESIOS 6:4b

Nuestro objetivo

"Y esta es la vida eterna: que te conozcan a
ti, el único Dios verdadero, y a Jesucristo, a
quien has enviado."

JUAN 17:3

Nuestros recursos

"Por tanto, tomad toda la armadura de
Dios . . .
ceñidos vuestros lomos con la verdad,
y vestidos con la coraza de justicia,
y calzados los pies con el apresto del evan-
gelio de la paz.
Sobre todo, tomad el escudo de la fe . . .
y tomad el yelmo de la salvación,
y la espada del Espíritu, que es la palabra
de Dios."

EFESIOS 6:13-17

Nuestro Dios

> "... y he aquí yo estoy con vosotros todos lo
> días, hasta el fin del mundo."
>
> MATEO 28:20b

Oración para hoy: Repetir con atención el Salmo 23.

SEÑOR, HAZ DE MI UN INSTRUMENTO DE TU PAZ

Que allí donde haya odio, ponga yo amor;
Que allí donde haya ofensa, ponga yo perdón;
Que allí donde haya discordia, ponga yo armonía;
Que allí donde haya error, ponga yo verdad;
Que allí donde haya duda, ponga yo la fe;
Que allí donde haya desesperación, ponga yo esperanza;
Que allí donde haya tinieblas, ponga yo la luz;
Que allí donde haya tristeza, ponga yo alegría.

Oh Maestro, que no me empeñe tanto

En ser consolado, como en consolar;
En ser comprendido, como en comprender;
En ser amado, como en amar;

pues

Dando, se recibe,
Olvidando, se encuentra,
Perdonando, se es perdonado,
Muriendo, se resucita a la vida eterna.

FRANCISCO DE ASIS

La Recompensa de la Maternidad

"Mujer virtuosa, ¿quién la hallará?
Porque su estima sobrepasa largamente a la
de las piedras preciosas."

PROVERBIOS 31:10

Después de leer el relato del rey Salomón sobre la actitividad incesante de la mujer virtuosa que "se levanta aun de noche", y de sus esfuerzos incansables para ocuparse de la casa, cualquiera que no entienda a las madres podrá preguntarse qué obtiene la mujer por toda su actividad.

Sin embargo, la maternidad no necesita buscar recompensas. Los premios son muchos y todos los días aparecen "paquetes con sorpresas". Como dijera San Francisco: "Es dando, como se recibe . . . olvidándose de sí mismo, como se encuentra." Salomón describe en detalle los quehaceres de la esposa cristiana. Pero si se lee el pasaje con atención se comprobará que no se trata de una esclava de quien uno debe compadecerse. Estas son algunas de sus recompensas:

El corazón de su marido está en ella confiado.
No tiene temor de la nieve por su familia.
Su marido es conocido en las puertas.
Sus hijos . . . la llaman bienaventurada.
Su marido . . . la alaba.
Se ríe de lo por venir.

Por supuesto que no trabajamos para recibir alabanzas. De hecho, si la buscamos no la obtendremos. El amor no busca lo suyo. Y no nos interesa la adulación.

Como cualquier otro ser humano, la madre necesita que de vez en cuando le aseguren que está haciendo felices a los suyos. Pero sus hijos le dan el mejor tributo cuando aman y sirven a Aquél que dijo una vez sobre una mujer, "Hizo todo lo que pudo."

Oración para hoy: Leer la oración de Francisco de Asís que está en la página anterior.

Mis Apuntes y Propósitos

Mis Apuntes y Propósitos

Mis Apuntes y Propósitos

Mis Apuntes y Propósitos

Mis Apuntes y Propósitos